HABÍA UNA VEZ

Three Classic Stories to Help Children Learn Spanish

Retold in Spanish by
DOROTHY SWORD BISHOP

Designed and illustrated by
MARGRIT FIDDLE

PASSPORT BOOKS
a division of *NTC Publishing Group*
Lincolnwood, Illinois USA

Published by Passport Books, a division of NTC Publishing Group.
© 1989, 1985, 1978 by NTC Publishing Group, 4255 West Touhy Avenue,
Lincolnwood (Chicago), Illinois 60646-1975 U.S.A.
Printed in Hong Kong.

9 0 WKT 9 8 7

Contents
Contenido

To the children:

This picture book has stories that people from all over the world have been telling and reading for a long time. You have probably heard them all in English, but each time someone tells them, they change a little bit. They are old, but new at the same time.

These stories are especially for English-speaking children who are learning Spanish, and they give you a chance to use the Spanish you are learning in a fun way. You will enjoy the tales of "The Little Red Hen," "The Three Bears," and "The Boy and His Burro" written for you in Spanish, and you will see how they change when they are told in another language.

LA GALLINITA ROJA

La Gallinita Roja y sus pollitos
viven en una finca.
En la finca viven también
un gato anaranjado,
un perro negro y blanco
y un cerdo rosado.
Un día la Gallinita Roja y sus pollitos amarillos
dan un paseo para buscar comida.
Un pollito ve unos granos de trigo.

– ¿Qué son estos? pregunta el pollito.

– Son granos de trigo, dice la gallinita.

– Quiero sembrar los granos de trigo.
  Vamos a ver, ¿quién quiere ayudarme?

– Yo, no, dice el gato anaranjado.
– Tengo sueño.

– Yo, no, dice el perro negro y blanco.
– Tengo sueño.

– Yo, no, dice el cerdo rosado.
– Tengo sueño.
– Pues bien, dice la Gallinita Roja,
– yo voy a sembrar los granos de trigo.

Y los siembra.

El trigo crece . . . y crece . . . y crece.

Un día la Gallinita Roja dice:
– Vamos a ver,
¿quién va a cortar
el trigo?

– Yo, no, dice el gato anaranjado.

– Quiero jugar.

– Yo, no, dice el perro negro y blanco.

– Quiero jugar también.

– Yo, no, dice el cerdo rosado.

– Voy a jugar.

– Pues bien, dice la Gallinita Roja,

– yo voy a cortar el trigo.

Y lo corta.
Luego el trigo está listo para moler.

La Gallinita Roja
mira a los animales
y dice:
– Vamos a ver,
¿quién quiere
moler el trigo?

12

– Yo, no, dice el gato anaranjado.

– No me gusta trabajar.

– Yo, no, dice el perro negro y blanco.

– No me gusta trabajar.

– Yo, no, dice el cerdo rosado.

– No me gusta trabajar tampoco.

– Pues bien,
dice la Gallinita Roja,
– yo voy a moler el trigo.

14

Y lo muele.

Ya está lista la Gallinita Roja para hacer el pan.
– Vamos a ver,
dice la Gallinita Roja,
– ¿quién quiere ayudarme a hacer el pan?

– Yo, no, dice el gato anaranjado.
– Tengo que dar un paseo.
– Yo, no, dice el perro negro y blanco.
– Tengo que dar un paseo.

– Yo, no, dice el cerdo rosado.

– Tengo que dar un paseo también.

– Pues bien, dice la Gallinita Roja,

– yo voy a hacer el pan.

Y lo hace.
Poco tiempo después,
el pan está listo para comer.

Llegan el gato, el perro y el cerdo y dicen:
– ¡Qué sabroso es el olor del pan!
– Muchas gracias, dice la Gallinita Roja,
– ahora, ¿quién quiere ayudarme a comer el pan?

– Yo, ¡sí!
dice el gato anaranjado.
– Yo, ¡sí, sí!
dice el perro negro y blanco.

– Yo, ¡sí, sí, sí!
dice el cerdo rosado.

Pero la Gallinita Roja dice :– ¡No, no, amigos!
Uds. nunca quieren ayudarme.
Uds. nunca quieren trabajar.
El pan es para mis pollitos y para mí.

Y la Gallinita Roja y sus pollitos comen el pan.

Los perezosos no pueden comer nada.

RICITOS DE ORO Y LOS TRES OSOS

Este es el cuento de los tres osos.
El oso grande—el papá.

La osa mediana – la mamá.

Y el oso pequeño – el niño.

Los tres osos viven
en una casa
en el centro de un bosque.

En la casa hay una mesa.

Sobre la mesa hay tres platos –

un plato grande para el oso grande,

un plato mediano para la osa mediana,

y un plato pequeño para el oso pequeño.

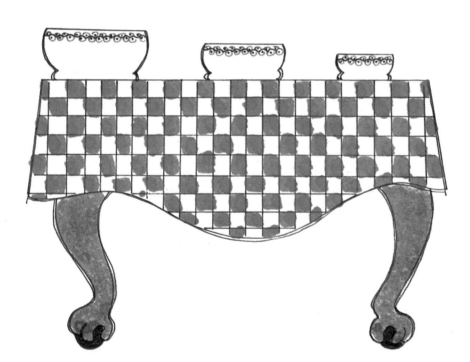

Un día la mamá osa
prepara la sopa
para la familia,
pero la sopa está muy caliente.
No se puede tomar
la sopa.

Por eso,
el papá oso dice:
– Vamos a dar un paseo por el bosque.
Los tres osos salen de la casa
y dan un paseo
por el bosque.

Cerca del bosque vive una niña.
Se llama Ricitos de Oro
porque tiene pelo largo y bonito,
de color dorado.
Un día Ricitos de Oro camina
lejos de su casa.

Después de mucho tiempo
ve la casa de los tres osos.
Está cansada
y entra en la casa
porque la puerta está abierta.

34

Ricitos de Oro tiene hambre
y ve tres platos de sopa
sobre la mesa.
– Voy a probar la sopa, piensa Ricitos de Oro.

Toma la cuchara grande
y prueba la sopa del plato grande.
¡Está muy caliente!

Toma la cuchara mediana
y prueba la sopa del plato mediano.
¡Está fría!

Luego prueba la sopa del plato pequeño.
¡Está buena!
Y a Ricitos de Oro le gusta mucho.
¡Come toda la sopa!

Despés,
Ricitos de Oro quiere sentarse
y ve tres sillas.
Se sienta
en una silla grande,
pero es demasiado dura.

Se sienta
en la silla mediana,
pero es demasiado suave.

Se sienta
en la silla pequeña.
Es muy cómoda, pero
¡PUM!
la silla se rompe.
¡Ay, qué lástima!

Ahora Ricitos de Oro está muy cansada
y entra en la alcoba de los tres osos.
En la alcoba hay tres camas.

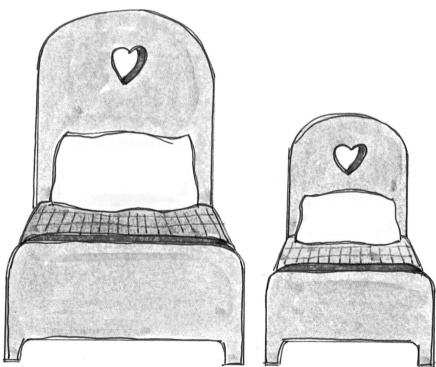

Se acuesta en la cama grande, y dice:
– ¡Qué cama tan dura!

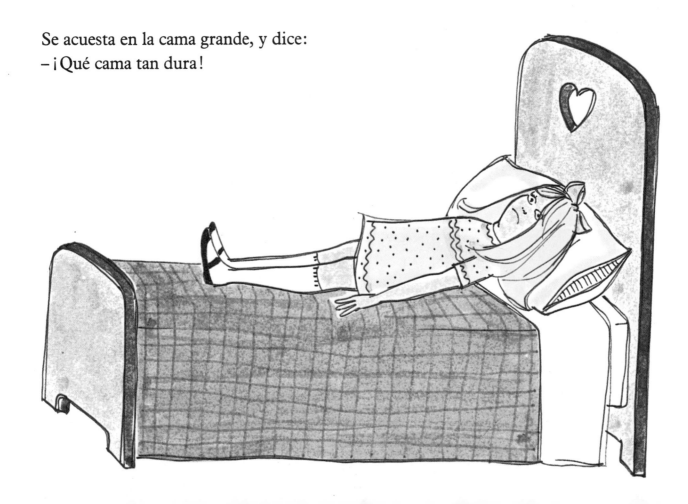

Se acuesta en la cama mediana, y dice:
– ¡Qué cama tan suave!

Al fin, se acuesta en la cama pequeña.
Ricitos de Oro dice:
– Me gusta esta cama. Es muy cómoda.
Ricitos de Oro duerme.

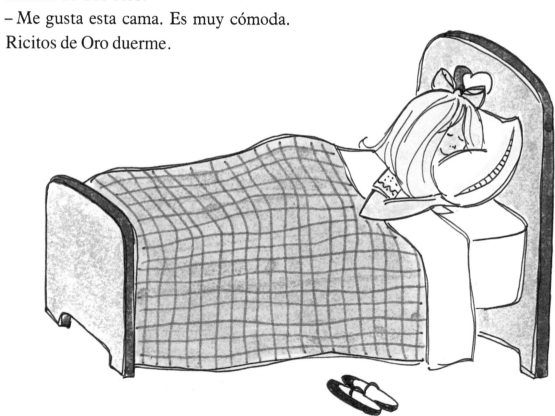

Un poco más tarde
los tres osos llegan
a la casa. El oso grande grita en voz alta:
—¿QUIÉN HA PROBADO MI SOPA?

La osa mediana dice:
– ¿Quién ha probado mi sopa?

Y el oso pequeño llora:
– ¡Alguien ha tomado toda mi sopa!

El oso grande
mira su silla,
y grita:

–¡ALGUIEN SE HA
SENTADO EN MI SILLA!

La osa mediana
mira su silla
y dice en su voz mediana:
– ¡Alguien se ha sentado
en mi silla también!

El oso pequeño
mira su silla
y llora:
– ¡Alguien se ha sentado en mi silla!
¡Está rota!

El oso grande dice:
– VAMOS A BUSCAR A ESTA PERSONA.

52

Va a la alcoba
y mira su cama.
– ¡ALGUIEN SE HA ACOSTADO EN MI CAMA!
grita el oso grande
en voz alta.

La osa mediana
mira su cama
y en voz mediana dice:
– ¡Alguien se ha acostado en mi cama también!

Y el oso pequeño grita:

– ¡Ay! ¡En . . . en mi cama está una niña!

Ricitos de Oro abre los ojos
y se levanta.
Tiene mucho miedo
y salta de la cama,
sale por la ventana
y corre hacia el camino.

Peloro corre y corre.
Grita en voz alta:
— ¡Mamá! ¡Mamá!

Llega a su casa
y le dice a su mamá:
—¡No vuelvo *nunca* a la casa
de los tres osos!

Los tres osos comen la sopa.
Se sientan en sus sillas,
y se acuestan en sus camas.
Están muy contentos.

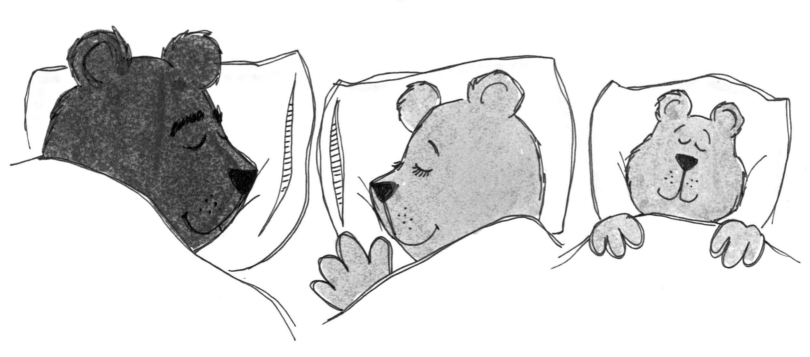

EL MUCHACHO Y EL BURRO

En un pueblo muy lejos de aquí
viven un muchacho y su burro.
Cada día el muchacho lleva su burro
al bosque de las montañas.

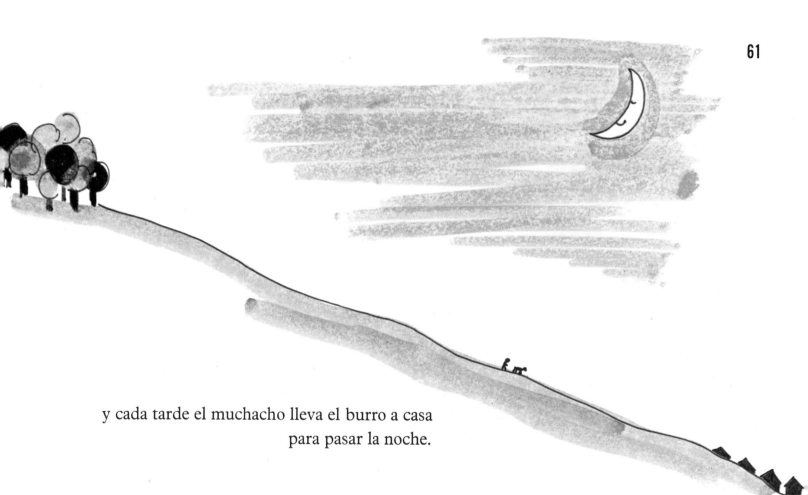

y cada tarde el muchacho lleva el burro a casa
para pasar la noche.

Un día el burro
no quiere volver a casa.
El pobre muchacho
dice al burro: – ¡Vete, burro!
¡Vete, vete a casa!
Pero el burro no se mueve.
Se queda en el bosque.
No quiere ir a casa.

Llega la noche y el muchacho está muy cansado.
Tiene mucha hambre también.
Mucho quiere ir a casa,
pero el burro no quiere ir.
Por fin el muchacho se sienta
y comienza a llorar.
Llora y llora.
Está muy triste y tiene mucha hambre.
Dice: –¿Qué van a pensar mi mamá y mi papá?

Luego pasa cerca del muchacho un conejo.
El conejo le mira
y le pregunta : –¿Por qué lloras?
El muchacho contesta:
– Lloro porque estoy muy cansado,
tengo hambre,
¡y mi burro no quiere ir a casa!

—¡Ay, qué lástima! dice el conejo.
—Pero no llores, muchacho.
Yo voy a hablar con el burro.
Y el conejo le dice al burro:
—¡Vete, vete a casa, burro!
Dice muchas veces:
—¡Vete, vete a casa!
Pero el burro no se va.

Luego el conejo se sienta al lado del muchacho
y empieza a llorar también.

Poco tiempo después
viene la zorra.
La zorra dice:
– ¿Qué tienes, conejo?
– ¿Por qué lloras?

Dice el conejo:
— Lloro porque el muchacho llora.
El muchacho llora porque está cansado,
tiene hambre
y su burro no quiere ir a casa.

– ¡Ay, qué lástima!
dice la zorra.
– Pues, no llores.
Voy a hablar con el burro.

– ¡Burro! ¡Vete, vete a casa!
grita la zorra.
Otra vez grita en voz muy alta:
– ¡Vete, vete!
¡Vete a casa, burro!
Pero el burro no se va.

Entonces se sienta la zorra al lado del conejo
y también empieza a llorar.

Un poco más tarde
viene el lobo.
El lobo mira a los tres
y le pregunta a la zorra:
—¿Por qué lloras?

Y la zorra contesta:
– Lloro porque llora el conejo,
y el conejo llora
porque llora el muchacho.
El muchacho llora
porque no quiere ir a casa su burro,
y el muchacho está cansado
y tiene hambre.

– ¡ Ay, qué lástima !
Pues, no llores, dice el lobo.
– Voy a hablar con el burro.

Y el lobo dice en voz muy alta:
– ¡Yo soy el lobo!
¡Voy a comerte!
¡Vete, vete, burro!
¡Vete a casa!
¡Vete pronto!
Pero el burro no se mueve.
No se va.

– Entonces, dice el lobo
– yo también voy a llorar.
Y se sienta al lado de la zorra
y comienza a llorar.

Los cuatro lloran. Hacen mucho ruido.
Pero no hace nada el burro.
No quiere ir a casa y no se va.

Luego pasa cerca de los cuatro una abeja.
– ¡Qué ruido! dice la abeja
y se pone las patas
en las orejas. Vuela sobre los cuatro que lloran
y le pregunta al lobo:
– ¿Por qué lloras, lobo?

– Lloro porque está llorando la zorra;
y la zorra llora
porque está llorando el conejo;
y el conejo llora
porque está llorando el muchacho.
El muchacho está cansado
y tiene mucha hambre,
y su burro no quiere ir a casa.

– ¡Tanto ruido por tan poca cosa!
dice la abeja.
– Pues, Uds. no pueden hacer nada,
pero, ¡yo, sí!

Entonces, ríen los cuatro — el lobo, la zorra, el conejo
y el muchacho.
Dicen: — ¿Qué puedes hacer tú?
Tú eres muy pequeña.

– Yo soy el lobo
y no puedo hacer nada,
dice el lobo.

– Yo soy la zorra
y no puedo hacer nada,
dice la zorra.

– Yo soy el conejo
y no puedo hacer nada,
dice el conejo.

– Yo soy el muchacho,
el amo del burro,
y no puedo hacer nada,
dice el muchacho.

–¿Qué puedes hacer tú? dicen los cuatro.

– Vamos a ver, dice la abeja.
Vuela hasta el burro y zumba,
– ¡z–z–z! ¡z–z–z!

El burro la mira y la escucha
pero no se mueve.
Entonces la abeja zumba en la oreja del burro:
– ¡Z-z-z! ¡Z-z-z!

¡Y la pica! Entonces el burro grita: —¡Ay, ay, ay!
—¡Ya me voy!
—¡Ya me voy!

Y el burro empieza a correr.
La abeja vuela tras el burro,
y el burro corre a casa.
También el muchacho corre tras el burro.
Está muy alegre.

Pero el lobo, la zorra y el conejo se quedan en el bosque.
Se miran uno a otro
completamente sorprendidos.

VOCABULARIO

a

a – to
la **abeja** – bee
abierto, (-a) – open
abrir – to open
   abre – he opens
acostarse – to lie down
   se acuesta – he, she lies down
   se acuestan – they lie down
   se ha acostado – has laid down
al **fin** – at last, finally
ahora – now
la **alcoba** – bedroom
alegre – happy
alto, (-a) – loud, high
amarillo, (-a) – yellow
el **amigo** – friend
el **amo** – master, owner
anaranjado, (-a) – orange (color)
el **animal** – animal

aquí – here
¡Ay! – Oh!
ayudar – to help

b

bien – well
blanco, (-a) – white
la **boca** – mouth
bonito, (-a) – pretty
el **bosque** – woods
bueno, (-a) – good
el **burro** – burro
buscar – to look for

c

cada – every
caliente – hot

la **cama** – bed
caminar – to walk
   camina – he, she walks
el **camino** – road
cansado, (-a) – tired
la **casa** – house
el **centro** – middle
cerca, (de) – near
el **cerdo** – pig
el **color** – color
comer – to eat
   come – he, she eats
   comen – they eat
la **comida** – food
comienza – he, she begins
cómodo, (-a) – comfortable
completamente – completely
con – with
el **conejo** – rabbit
contento, (-a) – happy
contesta – he, she answers
correr – to run
   corre – he, she runs

corta – he, she cuts
crece – it grows
cuatro – four
la **cuchara** – spoon
el **cuento** – story

d

dar un paseo – to take a walk
de – of
demasiado – too much
después – later
después (de) – after
l **día** – day
dice – he, she says
dorado, (-a) – golden
dormir – to sleep
   duerme – he, she sleeps

e

el, la – the
empieza – he, she begins
en – in
entonces – then

entra (en) – he, she enters
es – he, she, it is
escucha – he hears
estar – to be
   estoy – to be
   está – he, she is; you are
   están – they are
este, (-a) – this

f

la **familia** – family
la **finca** – farm
   frío, (-a) – cold

g

la **gallinita** – little hen
el **gato** – cat
   gracias – thanks
      muchas gracias – many thanks
   grande – big
el **grano** – grain
   grita – he, she shouts
   gustar – to like

me gusta(n) – I like
le gusta(n) – he likes

h

hablar – to speak
hacer – to make, to do
   hace – he, she makes, does
   hacen – they make, do
el **hambre** – hunger
   tener hambre – to be hungry
hasta – to, as far as, until
hay – there is, there are

i

ir – to go
   voy – I go
   va – he, she goes
   vamos – we go
   van – they go
   vamos a ver – let's see
   van a pensar – they are going to think

j

jugar – to play (a game)

l

el **lado** – side
   al lado de – beside, next to
largo, (-a) – long
la **lástima** – pity
lejos (de) – far from
levantarse – to get up
   se levanta – he gets up
listo, (-a) – ready
lo – it
el **lobo** – wolf
los, las – the (pl.), them
luego – then
se **llama** – her (his) name is
llegan – they arrive, come
llevar – to bring, carry
llorar – to cry
   llora – he, she cries
lloras – you (fam.) cry
no llores – don't cry
está llorando – he, she is crying

m

la **mamá** – mother, Mama
más – more
me – me
mediano, (-a) – medium
la **mesa** – table
mi – my
el **miedo** – fear
   tener miedo – to be afraid
mira – he, she looks at
   miran – they look at
moler – to grind
   muele – he, she grinds
la **montaña** – mountain
el **muchacho** – boy
mucho, (-a) – much, many
   muchas veces – many times
muy – very

n

nada – nothing
negro, (-a) – black
la **niña** – girl
el **niño** – boy
no – no
la **noche** – night
nunca – never

o

el **ojo** – eye
el **olor** – fragrance
la **oreja** – ear
el **oso** – bear
otra vez – again
el **otro** – the other

p

el **pan** – bread
el **papá** – father, Papa
para – for, in order to

pasa – he passes
el **pelo** – hair
pensar – to think
   piensa – he, she thinks
pequeño, (-a) – little
el **peresozo** – lazy one
pero – but
el **perro** – dog
la **persona** – person
pica – he, she stings
el **plato** – plate
pobre – poor
poco – little
poder – to be able
   puede – he, she, it is able
   puedes – you (fam.) are able
   pueden – they, you (pl.) are able
el **pollito** – chick
por – through, by
por eso – for that reason
porque – because
¿por qué? – why?
pregunta – he, she asks
prepara – he, she prepares

probar – to taste, to try
prueba – he, she tastes
ha probado – has tasted
pronto – right now
el **pueblo** – town
la **puerta** – door
pues – well

q

qué – what
   ¡Qué lástima! – What a pity!
querer – to wish, to want
   quiero – I want
   quiere – he, she wants
   quieren – they, you (pl.) want
¿quién? – who?

r

ríen – they laugh
rojo, (-a) – red
romper – to break
   está rota – it is broken
rosado, (-a) – pink

S

sabroso, (-a) – delicious
salen (de) – they leave, go out
salta – he, she jumps
sembrar – to sow, plant
   siembra – he, she plants
se mueve – he moves
sentarse – to sit
   se sienta – he, she sits
   se sientan – they sit
   ha sentado – has sat
se pone las patas en las orejas – she covers her ears with her hands
se queda – he, she stays
   se quedan – they stay
ser – to be
   soy – I am
   eres – you (fam.) are
   es – he, she is
   somos – we are
   son – they are
se va – he, she goes
sí – yes

la **silla** – chair
sobre – on, over
la **sopa** – soup
sorprendido – surprised
su – his, her, your (sing.)
suave – soft
sus – their, your (pl.)

t

también – also, too
tampoco – neither
tan – so
tanto – so much
tarde – late
la **tarde** – afternoon
tener – to have
   tengo – I have
   tiene – he, she has, you have
      tengo sueño – I am sleepy
      tengo que – I have to
      tengo miedo – I am afraid
      tengo hambre – I am hungry

¿qué tienes? – what's the matter?
el **tiempo** – time
todo, (-a) – all
tomar – to take, to eat
   toma – he, she takes, eats
   ha tomado – has eaten
trabajar – to work
tras – after, behind
tres – three
el **trigo** – wheat
triste – sad

u

Ud., Uds. – you
un, una – a
uno – one
   uno a otro – each other
unos, (-as) – some

v

ve – he, she sees
la **ventana** – window
¡vete! – go!

viene – he, she comes
vivir – to live
   vive – he, she lives
   viven – they live
volver – to return
   vuelvo – I return
   vuelve – he, she returns
la **voz** – voice
vuela – he, she flies

y

y – and
ya – now
   ¡Ya me voy! – I'm going!
yo – I

z

la **zorra** – fox
zumba – he, she buzzes